AF337484

NOTICE

NÉCROLOGIQUE

SUR

M. PASCAL-LACROIX.

« La vie est un combat dont la palme est au ciel! »

IMPRIMERIE DE MAD. VEUVE BUREZ, GRAND'PLACE, A CAMBRAI.

Septembre 1836.

NOTICE

NÉCROLOGIQUE.

—————◦—————

M. Jean Pascal-Lacroix, lieutenant-colonel en retraite, chevalier de la Légion-d'Honneur, membre de diverses Sociétés savantes, et ancien président de la Société d'Émulation de Cambrai, est mort le 7 de ce mois, à la ferme des Angles, commune de Crèvecœur.

Depuis huit ou dix ans, M. Pascal-Lacroix vivait retiré à la campagne, mais sans renoncer aux occupations littéraires, au milieu de ses travaux rustiques et des soins qu'entraînait, sinon pour lui, du moins pour ses proches, une industrie agricole. Vieux soldat de l'Empire, après avoir fait les guerres de la République et du Consulat, il tirait gloire du titre qu'il s'était lui-même décerné, et qu'il affectionnait par dessus tout, celui de *Soldat-Laboureur*. Mais loin de rappeller le *durus Arator*, le *Miles impius* de Virgile, il était bon, compatissant pour autrui : il se fut bien gardé de ravir sa couvée au rossignol (1)! Ses qualités chaleureuses, son aménité, sa franchise donnaient à cet homme infiniment regrettable une physionomie à lui, un caractère tout-à-fait à part, et cette nature originale mérite que nous nous y arrêtions, quand, jetées dans le moule de l'uniformité, tant d'organisations communes et quelquefois vicieuses, tant d'esprits secs et froids nous affligent! Chez lui la plus vive imagination, dont il avait peine à régler les écarts, colorait de ses reflets l'érudition la plus vaste. C'est surtout comme bibliophile qu'il conviendrait de le considérer. Presque tous les livres qui furent en sa possession

(1) . . . . Quos durus arator
Observans nido implumes detraxit....
Georg.

ont été enrichis d'une foule de notes, souvent curieuses, écrites de sa main, et qu'on recherchera plus tard, comme donnant du prix à ces volumes. Ainsi que Paul Louis Courier, qui fut son compagnon d'armes et son ami, il avait parcouru l'Europe avec nos immortelles phalanges, s'enquérant comme lui des bibliothèques, avide pour son compte personnel des véritables et solides conquêtes de l'instruction et du savoir! La belle Italie, si chère à sa jeunesse, avait été pour Pascal-Lacroix une source féconde d'observations; ses souvenirs l'y reportaient sans cesse : dans les dernières années de sa vie, pour occuper l'activité dévorante de son esprit, tromper ses douleurs et la fièvre de son insomnie, il se plaisait à consigner ces beaux souvenirs en des lettres, restées manuscrites, qu'il adressait à un ami.

Quoiqu'entouré des soins les plus multipliés, et malgré tous les secours de l'art, une maladie cruelle le minait depuis 1829, une maladie de cœur, dont il prédit tant de fois comme prochain le terme inévitable (prédiction si long-temps démentie qu'on aurait fini volontiers par ne plus ajouter foi à ses paroles); avec quelle désolante énergie, cependant, ne traçait-il pas le tableau de ses souffrances, hélas! de beaucoup augmentées par ses dispositions morales, ingénieux

que nous sommes à nous créer des peines ! Comme
une lyre incomplète, le cœur humain a des tons
peu nombreux pour la joie, mais les cordes ne
manquent point à la douleur. Il vient de s'éteindre
enfin, doucement et sans effort, avec le calme du
juste, chez qui les lumières étaient loin d'avoir
affaibli la pensée religieuse, lui qui avait voué une
sorte de culte, basé sur la reconnaissance, au livre
admirable de l'*Imitation*, dont il posséda jusqu'à
trente-sept éditions différentes, et dont il fit toujours le compagnon de ses heures solitaires !

Une députation de la société d'Émulation de
Cambrai, composée de MM. *Defrémery*, *Clément
Déjardin*, *Berger* et *Delcroix*, s'est rendue à ses
obsèques, qui ont été célébrées, le 9, dans l'église
de Crèvecœur. Après que le cercueil eut été descendu
dans la fosse, l'auteur de cette notice, acquittant
la dette de l'amitié par quelques mots improvisés
que lui inspirait sa douleur, a payé à la mémoire
de Pascal-Lacroix un tribut de regrets qui a vive-
ment ému les assistans.

Sa sépulture est placée au milieu du cimetière
de la commune. Qu'il repose en paix celui qui fut
bon, sensible, éclairé ! Qu'il obtienne de nous un
adieu celui que nous ne reverrons plus ! Gardons

un souvenir à ce cœur expansif qui ne craignait rien tant que l'oubli !

M. Pascal-Lacroix n'était âgé que de 65 ans; il était né à Arles, en Provence, le 4 août 1771; mais depuis très long-temps il avait fait du Cambrésis sa patrie d'adoption.

C'est à lui que M. le docteur Le Glay voulut adresser, en forme de lettre, ses savantes *Conjectures sur l'emplacement du champ de bataille où César défit l'armée des Nerviens*, et il rappelle au commencement de cet écrit, combien d'illustres souvenirs environnent la retraite que Pascal-Lacroix s'était choisie : « Le canton que vous habitez, lui dit » M. Le Glay, doit plaire à votre brillante imagi- » nation. Guerrier, vous y retrouvez des souvenirs » de guerre; antiquaire érudit, vous y marchez sur » des ruines vénérables. Là, saint Bernard, secondé » par les pieux remords de Hugues d'Oisy, fonda » la célèbre abbaye de Vaucelles, au sein d'un désert » que la charrue des moines transforma bientôt en » un vallon enchanteur. Ici, se voient encore les » murs de l'antique château de Crèvecœur, où fut, » dit-on, enfermé Charles-le-Mauvais, ce roi, ter- » reur de la France. Plus loin, entre Villers-Guis- » lain et Honnecourt, la valeur de nos soldats échoua

» contre les bandes espagnoles beaucoup plus nôm-
» breuses; enfin, voici la ferme de Vinchy où Charles-
» Martel mit en fuite les troupes du roi Chilpéric.
»· A ces deux champs de bataille, que des fenêtres
» de votre habitation vous embrassez, pour ainsi
» dire, du même coup-d'œil, vous pourriez, si je ne
» me trompe, en ajouter un troisième bien plus
» antique et non moins remarquable. »

Pascal-Lacroix a publié : *Notice biographique sur
Jacques - Chrisostôme Ruffin, abbé de Vaucelles,*
in-8°. A. F. Hurez, 1820. — *La Vie Champêtre, ode
imitée de l'abbé Parini;* mémoires de la Société
d'Émulation de Cambrai, année 1821. — *Rapport
sur la Biographie Cambrésienne de M. Arthur
Dinaux;* mémoires de 1822. — *Compte rendu des travaux de la Société d'Émulation*; mémoires de 1823.
— *Notice nécrologique sur M. le chevalier Dupuy,
chef de bataillon au Corps Royal du Génie;* S. Ber-
thoud, imp. 1824. — *Rapport sur le Concours d'Élo-
quence* (éloge du cardinal Pierre Dailly); mémoires
de la Société d'Émulation de Cambrai, 1824. —
*Rapport sur les travaux de cette Société; sciences
historiques,* ann. 1825. — *Sur la presqu'île de Sir-
mion,* où fut la maison de Catulle, *extrait d'un
ouvrage inédit sur les critiques de Bayle;* in-8°,

Cambrai, des presses de A. F. Hurez, décembre 1829. — *Lettre à un jeune Magistrat du département du Nord;* archives historiques et littéraires du nord de la France et du midi de la Belgique, tome I. — *Notice sur M. le baron de Stassart,* même vol. — *Notice nécrologique sur A. F. Hurez, imprimeur,* même recueil, tome 2, etc., etc.

Il a laissé manuscrits les ouvrages suivans, dont plusieurs inachevés : des *Recherches sur les Frères de la vie commune,* regardés comme les premiers imprimeurs dans le nord de la France; une *Dissertation concernant les éditions qui ont paru postérieurement au livre de M. Barbier sur les soixante traductions de l'Imitation de J. C.;* un *Dialogue entre Shakespeare et Ducis;* une *Dissertation sur le livre intitulé :* Guillelmi Durandi Rationale divinorum officiorum; grand-in-f°, imprimé à Mayence en 1459, édition sortie des presses de Fust et Schœffer; des *Annotations critiques et littéraires sur le Dictionnaire de Bayle, commenté par l'abbé Joly;* une *Notice sur le Sanctiniana,* ou bons mots, sentences, maximes, adages, etc. des saints, *par Déplanque;* ouvrage inédit qui se trouve à la bibliothèque communale de Cambrai; une *Dissertation,* en forme de lettre, *sur Halitgaire, évêque de Cambrai en* 817;

une *Notice sur la personne et lés ouvrages de Lazerna Santander;* d'autres *Notices sur Madalulfe,* célèbre peintre de plafonds et de fresques, qui habitait Cambrai, sa patrie, en 835; *sur Dénys Hangart,* docteur en théologie, né à Cambrai vers le milieu du 16ᵉ siècle; *sur Gilles Boileau de Bullion,* intendant militaire à Cambrai, qui vivait également au 16ᵉ siècle, auteur de plusieurs ouvrages de droit, de littérature et d'histoire, etc. Le style de Pascal-Lacroix, dans ces divers écrits non publiés, n'est point exempt d'enflure et de prolixité; mais il rachète ces défauts par beaucoup d'images et une sorte d'élan chaleureux qui n'est pas sans attrait. Comme il pèche par excès, il gagne beaucoup à être dépouillé de son exubérance.

Nous ne pouvons mieux terminer cette notice qu'en reproduisant l'Imitation en vers français que notre Soldat-Laboureur a faite de la belle Ode italienne de l'abbé Parini, intitulée la *Vita rustica.* Nous la retrouvons insérée dans l'Annuaire poétique de la Société de Littérature de Bruxelles, année 1823.

Cambrai, le 15 *septembre* 1836.

F. DELCROIX.

LA VIE CHAMPÊTRE.

Traduction de l'Ode Italienne de l'Abbé Parini,

INTITULÉE : *La Vita Rustica.*

Quand j'aperçois déjà, se pliant sur sa rame,

Le funèbre nocher voguer aux sombres bords ;

Quand bientôt de mes jours va se rompre la trame,

Quoi ! j'aurais dans mon ame

Le désir d'amasser d'inutiles trésors !

O liberté des champs ! viens plutôt de tes charmes

Embellir des instans encore en mon pouvoir ;

Ce n'est que dans ton sein, loin du fracas des armes,

Que je puis sans alarmes

Du jour qui vole et fuit trouver encor le soir.

Favorable à nos vœux, là, Cérès se prépare

A combler de ses dons les malheureux humains ;

C'est là que l'Innocence, à la ville si rare,

Se couronne et se pare

Des guirlandes de fleurs que vont tresser ses mains.

Là, quand le villageois aura rempli sa grange,

Je le verrai presser les grappes du raisin ;

Je l'entendrai chanter le Dieu de la vendange,

Au moment qu'on arrange

La tonne où vont bientôt jaillir les flots du vin.

Que les grands de la terre à qui Plutus prodigue :

Les biens où leur orgueil a fondé son appui,

Dédaignent ces travaux, cette utile fatigue ;

Que peut l'or, ou l'intrigue,

Contre la pâle crainte et le mortel ennui ?

Et le jour et la nuit, une troupe guerrière

De leur pompeux séjour en vain défend l'accès :

Les soupçons inquiets, franchissant la barrière,

Malgré la garde altière,.

Les poursuivront encore au fond de leur palais.

Je n'irai point grossir cette foule vénale

Inondant les salons du riche dédaigneux ;

La mort me trouvera sans biens, mais l'ame égale :

Au seul méchant fatale,

Pour le sage la mort n'a rien de rigoureux.

Non, je n'aurai jamais la coupable faiblesse

De brûler sans pudeur un mercenaire encens ;

Ma Muse, toujours libre et toujours sans bassesse,

Méprise la richesse

Qui n'est que le produit de serviles accens.

O paisibles coteaux, vous qu'orna la nature !

Je vois dans vos détours mon réduit écarté ;

De vos sentiers fleuris j'aperçois la parure ;

Plein d'une ivresse pure ,

Je vole au fond des bois chercher la liberté.

Séjour silencieux, je puis sous vos ombrages

Goûter des plaisirs vrais , au vulgaire inconnus ;

Là , j'entendrai de loin gronder ces noirs orages

Qui , depuis plusieurs âges ,

Éclatent sur les rois et les peuples vaincus.

Sous le toit fortuné de ma chaumière antique ,

Vivant , comme Apollon , chez un peuple pasteur ,

J'éviterai toujours qu'un vers trop satirique ,

Du délateur inique

N'aille éveiller la haine et troubler mon bonheur.

L'on ne m'entendra point , sur un ton pindarique ,

Célébrer les hauts faits des Rolands de nos jours ;

Plus humble dans son vol, mais toujours véridique,

Ma Muse un peu rustique

Chantera la vertu, la paix et les amours.

J'éléverai souvent une voix suppliante

Pour que les Dieux, long-temps contre nous irrités,

Eloignent de nos bords cette guerre sanglante

Qui, semant l'épouvante,

Lance sur nos moissons des coursiers indomptés.

Et, pour calmer plutôt la céleste colère,

Je dirai dans mes vers nos champs ensanglantés,

Nos villages détruits, les horreurs, la misère,

Dont ma patrie entière

Voit, par de fiers rivaux, désoler ses cités.

Laboureur vigilant, toi, dont la main habile

Saura guider la vigne autour du jeune ormeau,

Toi, dont les soins constans auront rendu fertile

Cette terre stérile,

Où tes pères n'ont vu que le frêle roseau ;

Tu seras mon héros !... En dépit de l'envie,

J'immortaliserai ton nom et tes labeurs ;

Nos neveux, enrichis par ta noble industrie,

Pour honorer ta vie,

Sur ton humble tombeau viendront jeter des fleurs.

Fasse le ciel qu'un jour, en ce riant asyle,

Moi-même, chez les morts doucement descendu,

Je laisse un nom chéri de ce peuple tranquille !

Mon vœu fut d'être utile,

On peut dormir en paix quand on a bien vécu.